Förlag: BoD – Books on Demand, Stockholm,
Sverige
Tryck: BoD – Books on Demand, Norderstedt,
Tyskland

ISBN: 978-91-7969-379-4

Ärlighet är den största egenskapen vi har
Barnen vågar ge dig sitt ärligaste svar
Oavsett om du gillar det eller ej
Oavsett om du är tjock, smal, kille eller tjej

Om vi skulle låta barnen styra världen, vad skulle
hända då?
Skulle vi då leva i en värld där vi kan sprida
kärlek, humor och förstå?

Jag minns första gången under tonåren då jag
kom i kontakt med barn i skolvärlden. Jag gick
första ring på gymnasiet, var i mellanskiktet
mellan ungdoms- och vuxenvärlden. Jag hade
praktik på en skola och vi hade sångstund då jag
spelade och barnen sjöng. Då sade en kille till
mig:

- Du spelar bättre än du skriver på tavlan,
  ingen ser vad du skriver. Vår lärare är
  tvärtom, vi är bra på olika saker.

Den värmen, kärleken och ärligheten som
uppstod. Varför är barn så ärliga jämfört med oss
vuxna? Efter det blev jag mer uppmärksam på
vad som sägs i dagens samhälle. Vad säger barn?
Vad säger vuxna?

Mitt namn är alltså Johan och jag arbetar som lärare. Jag har fått ta del av många intressanta tankar och kommentarer ifrån barn. Anledningen till att jag skrev denna bok är för att dela med mig av hur ärliga och kärleksfulla barn är gentemot sin omgivning.

Krig, terrorism och hat, är det barn eller vuxna som är inkluderade i dessa kontexter? Båda, frivilligt som ofrivilligt. De vuxna som krigar och kastar hat över varandra lär omedvetet, som medvetet, barnen samma saker. Vi föds inte med sådana värderingar. Bara orden *krig, terrorism och hat* kan göra folk berörda och ledsna. Att lägga in barn i samma kontext gör det hela mer hemskt.

Skulle vi låta barnen styra världen så skulle världen vara en mer fredlig plats där krig, terrorism och hat inte skulle få så mycket plats. Något bråk om vem som ska stå först i kön eller om vems pappa som är starkast skulle uppstå då och då. Men vad väljer du helst, krig där folk dör eller att någon får stå tvåa i kön?

Hur ser politiken ut just nu? Hur professionellt agerar våra politiker? Finns det några likheter/skillnader mellan dagens politikdebatter och ett elevråd?

Flicka 8 år:
- Har du flickvän?
- Nej har jag inte.
- Vadå är det ingen som vill ha dig? Har du hund?
- Nej jag har ingen hund.
- Då förstår jag...

Barnen har ordet

I detta avsnitt kommer vi att ta del av de kommentarer och tankar som jag har hört barn säga. Jag har inte gjort några intervjuer med ledande frågor för att få smarta/roliga/härliga svar, utan allt kommer rakt ifrån deras hjärtan. Jag har kategoriserat kommentarerna i kapitlen så här:

- Skolan
- Sport
- Kärlek
- Ålder
- Familj
- Barn vs Johan 1-0
- Ärlighet
- Ursäkta, vad sa du nu?
- Vuxensektionen

Skolan

Skolan är barnens arbetsplats och mötespunkt, en plats där de implementerar sina erfarenheter som kommer hemifrån. Allas olika erfarenheter möts och nya skapas. När barn samtalar med varandra kan man ofta få höra de mest fantastiska, knasiga och ärliga frågor och funderingar. Inte allt för sällan kan man få ett svar som man själv inte tänkt på, i positiv bemärkelse.

Pojke 6 år: kommer fram till mig ute på rasten:
-Jag har inte gjort någonting, jag lovar. Fortsätt med det du gör...
-Jag har inte sagt något. Men eftersom du säger sådär så, vad har du gjort?!
-Aargh hur visste du att jag gjort något dumt? Du har ju typ superkrafter....

Jag:
-Varför tror ni att man måste kunna läsa?

Elever 7 år:
- För att när man blir vuxen så kan man läsa för sina barn!

- För att man ska kunna spela tv-spel, så man förstår vad man ska göra!

Jag:

-Du måste ha regnkläder på dig!

Pojke 7 år:

-Jaja Fredrik Reinfeldt...

Jag:

-Va?!

Pojke:

-Jaa, du bestämmer ju och det gör ju han. Du borde bli president eller något!

Flicka 8 år:

- Är du här och ska jobba för alltid som lärare?

- Nej, nu är jag bara student och jobbar inte som jag brukar göra...

- Du är ju dum i huvudet!

- Tack, eller nåt...

Pojke 7 år:

-Jag tycker synd om de barnen som har arga föräldrar. Det är kanske därför barnen bråkar i skolan.

Flicka 8:

-I skolan lär vi oss hur man ska vara, snälla och ha roligt. Varför krigas det? Har inte de som krigar gått i skolan?

Pojke 8 år:-En rektor är den på skolan som får störst bulle vid fikat.

Jag:

-Vad skulle ni göra om ni fick vara rektor?

Flicka 7 år:

- Jag skulle låta alla barn sitta inne på rasterna om det regnar och äta kakor medans ni vuxna är ute och blir blöta.

Flicka 8 år:

-Att vara dum är inget som barn lär sig i skolan, det kommer hemifrån. Vi får lära de vuxna att det är fel att vara dum.

Pojke 9 år:

-Varför några bråkar på rasterna? Barn gör ju som vuxna gör...

Flicka 7 år:

-Du är både snäll och lite sträng, typ snällisträng

.

Pojke 8 år:

-Du är den bästa läraren som finns, du har både snygg frisyr och är till och med bättre än min pappa på fotboll.

Flicka 6 år:

-Alla magistrar måste ha en fru, så att de vet vad de ska lära oss barn.

Jag:

-Vad har vi lärt oss idag?

Pojke 8 år:

-Har du redan glömt det? Börjar du bli gammal?

Efter att Lucian svimmat säger en **Pojke 9 år:**

-Nej, jag tror inte att hon svimmade. Antingen dog hon eller så fick hon växtvärk.

Flicka 7 år:
-Om vi ska göra en pjäs så kan jag spela död. Då kan jag sova samtidigt som jag gör en viktig roll för pjäsen.

Pojke 8 år:
- Jag tror att namnet skolan kommer ifrån ett gäng som hade lan i en sko.

Flicka 6 år:
- Varför får ni lärare en massa godsaker när vi bara får äta frukt?

'Samtal mellan **mig** och **flicka 8**:
Jag:
-Det där ser ut som Musse Pigg!
-Vet du ens vad Musse Pigg är?!
-Ja, varför skulle jag inte?
-Du är ju vuxen, har du barn eller?

Flicka 7:
-Om vi barn inte får titta på vuxenfilmer så borde det vara förbjudet för vuxna att se barnfilmer.

En **kille 7** kom till **mig** vid maten med en pannkaka och så mycket sylt som skulle räcka till en hel familj. Han såg på mig att jag skulle ifrågasätta detta och sade:

-Det var inte jag som la på!
-Nehe, vem var det då?!
-Matkärringen!

Jag till **flicka 16**:

- Ni kan ta fram en kokbok och kolla!

- Vad är en kokbok?

Jag:

- Vad vill du arbeta med när du blir vuxen?

Pojke 9 år:

-Jobba? Jag gifter mig rikt istället så att jag kan spela Tv-spel medan hon tjänar pengar.

Flicka 9 år:

- Det vet jag inte än, men jag vill göra någonting för att förändra världen. Ge fattiga mat eller stoppa krig på något sätt.

Flicka 6 år:

-Snart börjar jag skolan. Då är jag vuxen och får ta ansvar.

Pojke 7 år:

-Det bästa med att gå i skolan är att jag får ansvara för min egen frukt.

Flicka 7 år vid gårdagens lunch till **mig:**

-Jag är lite blyg...

-Jaha varför då?

- Mja det är bara mot killar...

-Jaha, hur tänker du då?

-För att jag är kär i en kille.

-Vem då?

-Det kan jag inte säga just nu...

-Jo men kom igen, berätta nu.

Flickan vänder sig och viska i mitt öra:

-Det är för att jag är kär i han mitt emot mig.

Flicka 7 år:

-I skolan lär vi oss att det är viktigt att våga göra fel. Eller inget är egentligen fel, bara ett annat svar på frågan.

SVERIGE ÄR OSLOS
HUVUDSTAD!

Pojke 10 år till **mig**:

-Jag kan ett hockeylag!

-Jaså, vilket?

-Djurfarmen eller vad de heter..

Pojke 6 år:

-Vart är Peter ? (En kollega)

Jag:

-Han har gått hem!

-Bor inte ni här?!

Jag:

-Jag ska bara gå på toa!

Pojke 7 år:

-Va, går fröknar på toa!?

Flicka 8 år:

-Johan, varför heter det VästMANland? Och inte Västkvinnland eller Västhenland?"

Pojke 6 år på frågan om varför man måste gå i skolan:

-För att vi ska lära oss puss och minus.

Pojke 7 år :

-För att vi ska förtjäna godis på lördagar.

Glädjedödaren Johan, **Jag** till **flicka 10 år** som sitter knäböjd bakom en buske:

-Xxx, vad letar du efter?

-Tyst! vi leker kurragömma!!

-Xxx hittad bakom busken! skriker ett annat barn.

-Tack Johan...

Flicka 7 år:

-Johan, har du barn?

-Nää.

-Trodde att man var tvungen att ha det när man är fröken!

Flicka 7 år:

-Bäst för dig att du följer med vår klass till och
med 10:an!

Flicka 8 år:
-Jag kan prata franska: Baguett omelett!

Pojke 7 år:
-Jag vill lära mig prata Messianska!

Jag:

-Vad kan vi göra för att folk ska sluta kriga?

Pojke 7 år:

-Vi kan ju inte åka till alla krig för att be dem sluta, det blir för dyrt. Vi kan inte maila, alla kanske inte har mail. Vi får visa hur man gör så får de som krigar helt enkelt börja bete sig.

Jag tittar ut när det regnar och ser på slasket.

Pojke 7 år:

-Johan, se inte så bedrövad ut. Snön försvinner och du tycker ju inte om snö. Här, du får en kram så att du blir glad.

Pojke 7 år:

-Skolan är bäst, ingen protest. Protesten brann och krigen försvann.

Flicka 7 år:

-Vuxna är bara dumma mot varandra, därför vill jag vara barn och gå i skolan hela livet.

Om barn styrde världen skulle vuxna ta lärdom av barnen mer än vad som sker just nu. Skolan är en plats där barnen tillbringar större delen av sin barndom. Det är där de lär sig att samarbeta, får ny kunskap och lär sig hur man är en bra människa.

Där är en plats där krig och hat inte lärs ut, så lyssna på barnens profession och få en fridfull värld. Skolan är en plats där vi förbereds inför vuxenlivet och allt vad det innebär.

Det som barnen tar med sig från skolan blir ibland en krock med det som det de tar med sig från hemmet. Hat kommer hemifrån till skolan och från skolan kommer det värdegrund och kärlek.

Låt inte vuxnas hat överföras till barnen.

Sport

*Sport berör, om du så än sitter på en fullsatt
arena eller sitter och spelar något tv-spel
innehållande sport. Känslor och sport går hand i
hand. Allt ifrån glädje till sorg. Sport berör,
oavsett om det viktigaste är att vinna och/eller
att bara ha kul. Som när man var liten och
spelade fotboll. Alla spelare sprang efter bollen,
likt getingar vid saft på sommaren. Alla ville vara
med och beröra, hela tiden, samtidigt som
föräldrarna oroade sig varje gång man ramlade,
oroliga att man skulle bryta alla ben. Sport berör.*

*I detta kapitel får vi ta del av barns tankar om
när man får vara med, och inte, inom sporten.
Vad lagspel innebär och vilket lag som gör minst
mål i världen.*

Pojke 7 år till mig:

-Jag har bajs i lådan

-Va?!

-Jaa kom och kolla säger han och visar en bild på Barcelona...

(Det låter ju ganska likt Bajselona...)

Flicka 8 år:

- Jag tycker inte om Arsenal, de gör ju inga mål och det hörs ju på namnet: "Arsenoll".

Pojke 10 år:

-Johan, jag tycker inte om dig när du vinner. Jag tycker bara om dig när jag vinner!

Pojke 8 år:
-Det viktigaste är inte att vinna, utan det är att ha kul men ibland kan det vara kul.

Flicka 8 år:

- Min bästa kompis har vunnit SM-guld.

SnällhetsMästerskapen.

Pojke 7 år till mig:

-Att vinna vänner är viktigare än att vinna matcher.

-Hur tänker du?

-Vännerna finns kvar men matcherna kommer du glömma när du är gammal.

Flicka 6 år till mig:

-Jag vill inte vinna,

-Varför inte då?

-För att jag vill att de andra ska bli glada också.

Pojke 6 år:

- Man är bäst när man är snäll mot den som förlorar.

Pojke 8 år:

-Min bästa kompis är bollen, för att den aldrig bråkar med migl

Flicka 8 år: -Om de som krigar istället skulle
spela fotboll om det istället?

Flicka 8 år:

-De som inte vann kan få lite mitt pris varannan
helg, då kan de också känna sig som en vinnare.

Pojke 6 år:

-Vuxna går på fotboll för att slåss, jag går för att titta på matchen.

Flicka 9 år:

-Att fuska i sport är lika dumt som att borsta tänderna med tvål.

Pojke 9 år:

-Det är inte lätt när det är svårt, fråga bara
Norges fotbollslandslag...

Pojke 6 år:

-Jag vill bli som Zlatan, ha tofs på huvudet hur
ofta jag vill.

Flicka 7 år:

-Min förebild är Ronaldinho. Hon är som Zlatan,
fast tjej.

Pojke 7 år:

-Att spela piano är idrott för fingrarna.

Flicka 6 år:

-Om man är lat kan man bli en undulat.

Om barnen skulle styra världen skulle idrottens
fokus inte ligga på att bara vinna, utan att göra
något lustfyllt tillsammans. När de väl är
vinstfokuserade är de i alla fall ärliga och säger
det rakt ut utan att prata bakom ryggen.
Lagandan och samarbetet skulle bli bättre då de
tänker på att göra saker tillsammans. Om de
börjar samarbeta redan nu och vi hjälper till att
stötta detta kommer de att bli otroliga
lagspelare. Laget före jaget får en innebörd

Kärlek

Barn har en förmåga att sprida kärlek hela tiden, överallt. Kärleksproblemen är lite annorlunda för barn än för vuxna. Barn kan vara kära i flera stycken utan att det ska bli något drama. Men hur blir det när man är vuxen och blir kär i någon annan? Hur reagerar man när en tjej frågar chans och vad, hur tänker barn om att alla ser olika ut? Detta kommer vi att få svar på i detta kapitel.

Pojke 7 år:

- Jag får inte gifta mig nu för att jag harinte lärt mig att betala räkningar än.

Flicka 7 år:

-När jag gifter mig ska jag gifta mig med en snäll prins som inte gömmer sig när det ska städas.

Flicka 6 år till en pojke:

-Jag är kär i dig!

-NEEEEEEEJ inte idag. Imorgon får du vara det!

Pojke 8 år:

-Imorgon ska jag bli kär men inte nu, för att vi grabbar ska på disco.

Flicka 8 år:
-Jag har en pojkvän. Vi har vart tillsammans i många år, fast det vet han inte om. Vi ska gifta oss snart, det vet han inte om heller.

Pojke 8 år:
-Jag kommer aldrig att bli kär, då får jag ju inte spela Fifa.

Pojke 9 år:

- När man är gift får man inte ha fel färg på sin slips, då är det risk att frun lämnar.

Flicka 8 år:

-När ett par gifter sig så säger de ja till att frun får okej att ta hand om mannen.

Kille 8 år:
-Johan, är du kär?
-Nej är du?
-Ja men i två stycken!
-Jaså, i vilka då?
-Ps3 och Wii.

Tjej 10 år till sin kompis:
-Är båda dina föräldrar skilda?

Pojke 8 år:
- Alla tjejer kollade på mig under konserten, vem ska jag fråga chans på? Alla?

Jag till Flicka 7 år:
-Vad betyder I love you?
-Istället för att pula någon med snö så gör man
det med lö

Pojke 7 år:
- I krig finns inga vinnare, bara förlorare.

Flicka 8 år:
-Fred är som godis, alla vill ha det.

Flicka 7 år:
-Min pappa säger alltid nej, förutom i kyrkan till min mamma.

Pojke 6 år:
-Måste man bli kär? Då har man inte tid med sina kompisar

Pojke 7 år:
-Kärlek? Går det att äta?

Pojke 8 år:
-Varför måste folk kriga? Lär er att älska istället.

Flicka 8 år:

-Det finaste man kan få med sin man är ett barn.

Flicka 6 år:

-Ja, du tror väl inte att du kom från storken?

Pojke 6 år:

-Nej, mamma säger att jag kom från Ica Maxi.

Flicka 7 år till mig:

-Hur vet man att man är kär?

-Det känns som om man har fullt med fjärilar i magen.

-Du menar när man är magsjuk?

Flicka 7 år till sin kompis:

-Jag är kär!!!

-Jag tycker synd om dig, det skapar bara trubbel...

Pojke 9 år:

-Allt handlar om att ragga på rätt sätt, kastar du godiset på henne får du henne inte, det är bättre att bjuda henne istället.

Flicka 7 år:

- Varför heter det kärlek? Leker man att man är kär?

Pojke 8 år:

-Raggmunk? Nej tack, jag har tjej

.

Pojke 7 år:

-Kärlek är när man leker med sina syskon.

Pojke 9 år:

-Johan, Sara frågade chans på mig nyss!!!

-Jaha, vad svarade du då?

-Ingenting, varför tror du att jag sprang hit för då?!

Pojke 7 år:

-Man får inte vara tillsammans med någon och säga till din tjej att du är kär i någon annan. Då får man fängelse.

Om barnen skulle styra världen, skulle samhället vara fullt av kärlek utan gränser. Ärlighet skulle genomsyra livets alla nivåer. Världen skulle vara en plats där acceptans gentemot allas olikheter upplyfts och alla krig skulle sluta. De som krigar skulle bli kära istället!

Ålder?

*När man sitter vid lunchen så är det viktigaste
att dricka upp fort och kolla under glaset, det
visar ju hur gammal man är. Är det någon
skillnad på barnens tankar om hur det är att vara
vuxen och verkligheten?*
*Något som är fascinerande är även hur barn
tänker om ålder, när är man gammal
egentligen?*
Men är åldern så viktig? Är ålder bara en siffra?

*I detta kapitel får vi ta del av barns tankar om
ålder och om deras tankar om vad vi gör när vi
nått en viss ålder.*

Pojke 8 år:

-Är det kul att vara 22 år?

Jag:

-Jadå. Är det kul att vara 8 år?

-Nej...

-Varför inte då?

-Jag vill vara som dig, kunna göra saker utan att få skäll...

Kille 9 år vid matbordet när låten "Om sanningen ska fram" med Eric Amarillo och meningen "Vill du ligga med mig då" går igång:

-Nej nu tappade jag min matlust, texten är ju äcklig. Sånt gör man när man är 30 år!

Flicka 7 år:
-Min lillasyster fyller år idag, hon blir 14.

Flicka 8 år:
-Det är åldersgräns på att gå i skolan. Du får inte vara yngre än 6 eller 7.

Pojke 7 år:

-Jag är 7 år men känner mig som 70, jag har typ fått ryggskott efter ha suttit på stolen så länge.

Pojke 6 år:

-Ju mindre hår på huvudet man har ju äldre är man. Eller ju vitare håret är. Så då är du rätt ung Johan. Jag har ju både mindre och vitare hår än dig...

Flicka 6 år:

-När jag föddes var jag 3 år, igår var jag 5 år och jag fyller 9 nästa vecka.

Pojke 6 år:

-Jag fyller år varannan helg, då köper jag en present till mig och får tårta.

Flicka 7 år: Hur gammal är du?
-26!
-Oj! Då är du rätt gammal. Du ser mycket yngre ut!
-Jaså, hur gammal ser jag ut att vara?
-25.

Jag tappar en pennvässare på golvet och en **flicka 7** år plockar upp den med kommentaren:
-Ni gamla får alltid ont när ni plockar upp saker, därför hjälper vi barn till.

Om barnen skulle styra världen så skulle ärligheten styra samhället. Åldern skulle inte vara något negativt hela tiden. Att bli äldre är inget som skrämmer barnen utan de ser fram emot det istället, då får man göra saker utan att få skäll!

Familj

De vanligaste frågorna som jag får i mitt yrke är:
" Har du några barn?" "Är du gift?" Varje gång
när jag svarar nej så får jag ett ansiktsuttryck
som skriker förvåning, som om de tappat sin
glass i marken under en varm sommardag.

Om barnen skulle styra världen skulle ärligheten
och nyfikenheten vara centralt i våra liv. Men
skulle vi packa våra väskor själva?

Pojke 8 år:

-Om någon skulle vilja byta min lillasyster mot godis skulle jag nog säga nej. Jag kan ju få hål i tänderna.

Två pojkar 7 år:

-Vad heter din låtsasmamma?

-Hon är faktiskt inte på låtsas…

Flicka 6 år:

-Min lillasyster är som en favoritleksak, rolig att leka med och värdefull.

Pojkar 7 år före idrotten:
Pojke 1:
-Jag packar min väska själv!
Pojke 2:
-Jag med!
Pojke 3:
-Hallå, vad tror ni att man har mammor till?

Flicka 6 år till en annan flicka:

-Jag har en låtsaskompis som heter Saga

-Men man kan inte ha en låtsaskompis

-Nehe, men du har ju en låtsaspappa!?

Pojke 5 år:

-Ja, jag har en lillasyster men hon är rätt jobbig just nu, jag frågade min kompis om att byta henne mot två dinosaurier.

Pojke 8 år:

-Det viktigaste i familjen är att mamma och pappa låter mig vinna på Fifa.

Flicka 7 år:

-Jag älskar min bror lika mycket som han älskar

En elev ville berätta vad han fick i julklapp.

Pojke 7 år:

-Jag fick ps4 och en lillasyster. Ps4 var nog min bästa för att där kan jag stänga av ljudet men det kan jag inte göra när syrran skriker.

Flicka 6 år:

-Jag fick en lillebror igår, han och pappa är väldigt lika. De har inget hår på huvudet och låter konstigt när de sover.

Flicka 10 år till sin kompis:

"Är båda dina föräldrar skilda?"

Pojke 11 år:

-Johan, min farbror är miljonär, han har fyra plånböcker!

Pojke 9 år:

-Tänk om hela världen skulle bli en hel familj, då skulle det inte bli några fler krig.

Flicka 8 år:
-Jag undrar vad krigares mammor tycker om att de krigar.

Pojke 6 år:
-Kalle är min låtsaspappa, är jag då hans låtsasson?

Flicka 6 år:
-Du kanske är 26 men du ser ut som 17

Om barn styrde världen skulle världens problem
vara jobbiga syskon samt vem som snarkar mest.
Uttrycket "family first" skulle få en mer central
roll då många barns trygghet ligger hos familjen.
Skulle alla i världen vara som en hel familj skulle
det inte förekomma hat eller krig.
Att ha diverse tv-spel som "husdjur" anses som
ett värdsligt problem mot vad som sker ute i
världen. En del kunskap lärs in med hjälp av
spelandet.

Barn vs Johan 1-0

Som lärare händer det ibland att eleverna lär mig mer saker än tvärtom. Svar som vuxna kan tycka är obekväma och svåra att formulera kan eleverna uttrycka som om det vore det enklaste och det mest naturliga.

I detta kapitel får vi ta del av situationer där barn har varit mer klipska och har mer förståndiga svar än jag. Även svar där det blir påtagligt att barnen är mer moderniserade än vad jag är. Börjar jag bli gammal?

Jag till Pojke 8 år:

.Ska vi slå vad?

-Man får inte slåss...

Flicka 7 år:

-Vadå slå tärningen? Ibland får man slå och ibland inte, fett konstigt.

Pojke 7 år rappar texten han ska läsa.

-Vad duktig du är på att rappa!

-Ja jag vet. Jag rappade mycket när jag var yngre!

Jag:

-Vad blir man när man är 18 år?

Flicka 9 år:

-Förståndig!

Jag:

-När blir man vuxen?

Pojke 5 år:

-När man har skägg

Flicka 5 år:

-Men då är du inte vuxen än Johan...

Jag:

-Hur är man en god förlorare?

Pojke 7 år:

-Inte som dig i alla fall, jag såg din match förra helgen.

Pojke 10 år:

-De kommer snart!

Jag:

-Vilka då?!

-De som bryr sig!

Kille 13 år:

-När man är i din ålder är man väl tvungen att köpa sina egna presenter, för annars får man bara tofflor eller slipsar.

Pojke 7 år:

-Johan, vet du hur många höns min farfar har?

Jag gissar och jag gissar men får aldrig rätt.

-Nej, jag vet inte. Hur många har han?

-Inga!

Pojke 7 år:

- Ja min pappas farmor är typ 80 och kan fortfarande diska, titta på tv och gå till netto!

Vi tittar på en film där talaren har en finsk brytning.

Jag:
-Vilket språk talar hon?
Flicka 7 år:
-Muminländska!

Jag:
-Ja, du har ju mognat under året.
Pojke 8 år:
-Vadå, jag är ju ingen frukt heller!?

Flicka 10 år som ska lära mig att virka:
- Vilken hänt är du? (höger/vänsterhänt)
Om barnen skulle styra världen skulle många obekväma frågor och ämnen bli mer naturliga och lättare att hantera. Världen skulle vara en plats där barnen ger vuxna nödvändiga tips och råd. Barnen har redan nu koll på vad vuxna vill och inte vill ha i present t.ex. Det gynnar då vuxna att barnen tar över världen.

Ärlighet

Att barn är ärliga, det vet vi! Mycket ärligare än vuxna oftaast, vilket är fantastiskt. Om vi vuxna tar efter barnen så kommer missförstånden att minska och skrytet om föräldrarna att öka! Krigen kommer att försvinna och nära och kära vara viktigare än pengar! Barnen är vår framtid – lär av dem! Vad är egentligen definitionen av ett "gott liv"? Är det att vara ekonomiskt oberoende eller är det att njuta av livet tillsammans med nära och kära?

I detta kapitel får vi ta del av ärlighetens sötma och hur enkelt svåra situationer kan beskrivas. I många fall är det lättare sagt än gjort men har barnen den inställningen redan nu kan det underlätta för framtiden.

Pojke 13 år:
-Johan, har du klippt dig?
Jag:
-Aah, det har jag
Pojke:
Var frisören full då eller?

-Hick!

Pojke 8 år till **flicka 7 år:**
-Haha du blev fett ägd!
-Nej, det blev jag inte, för ingen äger mig!

Under en lektion om värdegrund pratade vi om vad ett gott liv innebär. Utan att göra en ledande inledning om vad jag tyckte så lät jag ordet gå fritt i klassrummet. Ett svar jag fick var:

Flicka 7 år:

-Ett gott liv är när man har kul tillsammans och har folk i närheten som stöttar mig.

-Pengar då?

-Det är inte lika viktigt.

Flicka 7 år:
-Om folk slutar kriga så finns det inga krig!

Jag:
-Du får inte ha mobil i klassrummet!

Pojke 9 år:
-Jo, för att min mamma jobbar på bank.

Pojke 6 år:

-Jag ljuger faktiskt inte, jag sa bara något som var väldigt osant.

Flicka 5 år:

-Fröken, du ser väldigt trött ut, snarkar din fru så mycket så att du inte får sova?

Pojke 8 år:

-Varför får politiker ljuga när vi barn inte får det?

Flicka 9 år:

-Jag vill bli politiker, tjäna massa pengar för att inte hålla vad jag lovar.

Pojke 7 år:

-Varför är det två dagar på helgen och fem under veckan. Varför kunde det inte delas lika?

Om barnen skulle styra världen skulle vi leva på en ärlig och härlig plats. Inga omvägar, utan är det någon som stör sig på något så kommer det rakt ut. Världen skulle även ledas med en gnutta humor!

Fantasin är även ett utmärkande och fantastiskt drag hos barn, om vi låter dem behålla den även i framtiden så kommer vi leva i en mer innovativ värld.

Hjälper vi till att förklara varför vi arbetar och hur mycket mer vi kan göra i arbetet med hjälp av en gnutta fantasi, så kommer lusten att bli vuxen men även att behålla fantasin, bli mer attraktiv.

Ursäkta, vad sa du nu?

Ibland säger barn saker som är självklara för dem men för vuxna kan de vara fullständigt obegripliga. Ofta så kan vuxna bara rycka på axlarna och gå därifrån, men om man ställer frågor om vad som sagts kan det obegripliga bli helt begripligt och förståeligt.

Barnen har ofta vetskap om vad som är viktigt och inte, utan att se bara sin egen vinning.

Pengar och dyra saker tar ibland inte lika stor del i barnens värdegrund och de har lärt sig att man inte ska skämta om en av de viktigaste sakerna i livet – mat!

Pojke 7 år till **mig:**
- Är lax en fisk?
- Ja!
- Då köpte min mamma en jacka för 2 stycken.
- Hur menar du?
- Den kostade 2 lax.

Jag:
-Det blir ingen tacos idag utan de har bytt till fisk
Pojke 8 år:
-Helt seriöst, man skämtar inte om mat!

Flicka 8 år:
-Johan, jag döpte min katt efter dig!
-Jasså, så han heter Johan?
-Nej, Knaskatt

Pojke 7 till flicka 7 år:
-Johan!?
-Men han heter ju Lill-Johan
-Ja, jag vet men jag kallar honom för Johan

Pojke 7 år kommer springandes till mig:
-Johan, det är någon som skrattar på toan!!!! Får man det!?

På länsmuseet. **Jag:**

-Varför tror ni att det heter järnåldern?

Pojke 8 år:
- För att det var då man började använda hjärnorna.

Flicka 10 år:
-Jag vill inte vara kung. För att han verkar ha så obekväma kläder på sig...

Flicka 9 år:
-När vi ska till Kreta så får vi frukost varje dag, alltså halv-pensionär.

Flicka 7 år:
-När jag dör tror jag att jag blir en ängel som
flyger runt och äter blåbär.

Kille 8 år
-Johan, har du spel på mobilen?
-Nää...
-Vad har du mobilen till för då?!

Flicka 8 år till mig:
-Jag förstår varför du inte har facebook, för att
då har du mer tid att titta på tjejer...

*Som lärare har du väldigt många smeknamn,
som t.ex. Fröken/pappa/Magister/Du/Storebror
etc. Det mest speciella är från **en kille i årskurs 7
som kom fram till mig:***

-Är det du som är Karin?

-Eeh...

Pojke 9 år:

-Johan, din sångröst är som Justin Biebers
storebror!

-Han har väl ingen storebror?

-Exakt!

Pojke 7 år:

-Johan, visste du att det finns Prutteiner i Chili
con carne? Man pruttar så mycket efter!

Flicka 6 år:

-Johan, är du lika knasig som du ser ut?

Flicka 7 år:

-Min pappa pruttade på julafton, får man verkligen göra det?

Pojke 7 år:

-FASTER!!!

Jag:

-Va?

-Ja, jag får ju inte säga fan så jag säger faster istället

Pojke 5 år:

-Johan skulle kunna vara kung men han är lite för kort.

Flicka 8 år:

- Fisken sover i en vattensäng och hamstern i ett hjul utan täcke!!! Fy vad kallt...

Om barnen skulle styra världen och vi tillsammans skulle fråga vad vi menade så skulle världen i många lägen ha en samsyn och frågetecken skulle rätas ut till utropstecken. Definitionen rikedom skulle få en annan innebörd och kärleken till sig själv skulle vara en central del i deras liv. Kan man inte älska sig själv har man svårt att älska andra.

Vuxensektionen

En gång när jag stod i kön till banken och såg
tjejen i kassan. Jag diskuterade med mig själv om
jag skulle säga "Tja!" eller "Hej!". När jag väl kom
fram till henne fick jag fram:
- Tjej!

Självklart säger vuxna en del spännande saker
som måste uppmärksammas. Hur kan det låta
bland oss vuxna? Har vi blivit tråkiga och bara
pratar om vädret och om hur börsen ligger till
eller kan även vi säga saker som kan höja våra
mungipor? eller få oss att tappa tron på
mänskligheten?

2 killar 18 år vid busshållsplatsen:
-Fan va äcklig cigg.
-Varför röker du för då?
-Nääe du vet....brudarna tycker om sånt!

Två äldre sitter på en bänk bredvid och pratar
om sitt bröllop. Frun:
-Tänk, 40 år som lyckligt gifta!
-Vadå, är vi gifta?
-Du sa ju ja till mig i kyrkan.
-Nej jag sa "nja"...

Två killar ca 20 år på gymmet:

-Tja mannen, vad händer?

-Eh jag tränar, vafan trodde du?

Kvinna ca 20 år till väninna på bussen:

-Om du skulle välja, gifta dig med kungen eller med Stefan Löfvén?

-Vadå, är inte det samma person?

Ett par i 30-årsåldern:
Tjejen:
-Alltså, jag sa ju att jag skulle ut, du lyssnar ju aldrig på vad jag säger.
Killen:
-Jag lyssnar, men de senaste jävla gångerna har jag velat stoppa in två stycken kiwis i öronen.

En enäggstvilling till sin bror i 18årsåldern:
-Fyfan vad ful du är!!!

Killen:

-Vi kan inte fortsätta tillsammans. Jag har träffat en annan.

Tjejen:

-Vem?

Killen:

-Din syster...

#stelstämning

Senioravdelningen

Ni kanske kommer ihåg när ni satt i er mormors/morfars/farmors/farfars knä och hörde en intressant och spännande historia från deras liv? När de började med frasen "När jag var ung..." osv. Man stålsatte sig och såg dem som superhjältar. Eller när man sov över hos dem och fick äta så mycket bullar som man ville och fick höra saker som de ångrade att de gjort samt saker de ångrade att de inte gjort. En annan höjdpunkt var att man fick SAFT istället för vatten i glaset vid sängen.

Det finns flera initiativ där förskolor har aktiviteter med ålderdomshem. Där möts de minsta och de äldsta och utbyter sina erfarenheter och tankar. Barnen är då mycket villiga att ta hand om och hjälpa de äldre. Av vad jag upplevt samt hört från verksamma så lär de av varandra samt har en lustfylld tid tillsammans.

Om vi skulle låta barnen styra världen så kan vi låta dem med längst livserfarenhet hjälpa till. De har många tips på saker som fungerar och saker som inte fungerar.
Tänk er en blandning av evidensbaserad kunskap och John Deweys "Learning by doing."

Jag minns en gång när jag var hos mormor och morfar och vi skulle äta. Jag sade direkt att det var något som jag inte ville äta för att det inte var gott. Det morfar sa var då:
-Du måste smaka lite grann, då kanske du märker att du gillar det.

En tid senare frågade morfar vad jag ville äta, pizza blev då mitt svar!

Morfar svarade:
-Nej, det gillar jag inte.
Varpå mitt svar blev:
-Du måste smaka lite grann, då kanske du märker att du gillar det!

Berit 68 år:

-Ta hand om oss äldre och ge oss en kram då och då.

Inger 67 år:

-Man behöver inte alltid vara bäst i klassen, att vara bra kan räcka långt nog.

Agda, 75 år:

-Ge inte upp om saker och ting känns svårt, utan ge dig fler chanser för att lyckas.

Staffan 64 år:

-Samla på njutningsbara ögonblick, man mår bra av att utsätta sig för regelbundna minnen. De kan man plocka fram och må bra av.

Gudrun 70 år:

-Respektera och bemöt folk med respekt och ta
emot den. Om man får beröm så startas en
positiv spiral

Dagmar 80 år:
-Var barn så länge ni kan!

Kicki 79 år:
-Att endast le och vara glad löser många
problem.

Sven 78 år:
-Börja med att lägga ifrån er telefonerna och
börja umgås istället.

Ewa 69 år:
-Var barn så länge som möjligt. Vuxna blir ni till
slut iallafall.

Hans-Åke, 75 år:
-Gör allt som jag inte gjorde och för guds skull,
gör ingenting som jag har gjort.

Stina, 80 år:
-Ta hand om alla i din närhet, alla i din närhet är
det viktigaste i livet.

Känslobarometern

Känslor kan ibland vara svårt att beskriva och förklara. Det är ju något abstrakt. Jag tänkte konkretisera och förklara det genom att beskriva en situation som några kanske känner igen sig i.

Nyfikenhet: När man säger att ett barn ska få en överraskning.

Engagemang: När man säger att barnet får sin överraskning om barnet städar.

Glädje: När man säger att barnet ska få glass.

Kärlek: När barnet får sin glass.

Tacksamhet: Om barnet är laktosintolerant och det finns laktosfri glass.

Ilska: Om det inte finns någon laktosfri glass till det laktosintoleranta barnet.

Avundsjuka: När ett annat barn får en större glass.

Skadeglädje: När det andra barnet tappar sin större glass.

Sorg: När även det första barnet tappar sin glass.

Reflektionshörnan

Har du käkat blängsylta med glosås?

Om jag skulle titta på en person som t.ex. har snygga kläder så kan jag inte "stirra" för mycket, för det är ju ohyfsat osv. Jag måste titta lite diskret i periferin och vända bort blicken då och då.

När barnen ser någon/något så följer de blicken hela tiden, "automatsiktet" är igång. En gång stod jag i kassakön i en mataffär. Bakom mig så stod det ett syskonpar, varav den ena killen glor på mig och skannar av mig in i minsta detalj.
Efter ett tag så säger han:
- Wow vilken cool keps du har, men varför har du den bakochfram? Har du den när solen är bakom dig?

Avdelning: Ser ett barn något som de vill kolla på, så släpper de oftast inte blicken. Det här med normer och jantelag finns inte hos alla barn. Alla barn är inte helt främmande med att ge spontana komplimanger heller!

Jag säger: "Mmm vad detta var gott." Jag tänker: "Nä usch vad äckligt!"

I många fall för oss vuxna så säger vi saker som vi inte alltid menar. Detta för att vara vänliga och vi vill inte "såra." Jag minns en gång vid en middag hos ett par kompisar. Det serverades någon form av krabbkaka. Jag hatar krabba, men det sa jag naturligtvis inte. Jag åt upp så fort jag kunde och såg glad ut. Dock åt jag så fort att jag fick ont i magen hela kvällen.
I många matsituationer jag har varit med om med barn så har det nästan alltid varit så här: Om ett barn inte tycker om det som ska ätas, då säger barnet oftast det direkt utan omskrivningar. Ingen Jantelag här inte utan rakt och ärligt.

Avdelning: Tycker man inte om något, säg det! Med ärlighet kommer vi längre än med vita lögner. Det kan till och med vara så att om man inte gillar en sak kan man byta till något godare, om det gäller något ätbart/drickbart osv.

Stör det dig? Säg till direkt till rätt person!

När jag bodde i Västerås så hade jag en efterfest på en tisdag. Musiken var hög och folket väsnades. Efter ett tag så ringde störningsjouren på. Jag fick höra att grannarna klagade och så fick jag böter. Min fundering var då: Varför kunde grannarna inte ringa på själva och säga vad de tyckte. Hade självklart stängt av musiken. Det kanske inte var så smart att festa loss på en tisdagnatt... Men när jag inte hade någon grannfejd innan utan hade en bra relation med grannarna så undrar jag, varför inte ringa på själva?

Under många tillfällen med barn inkluderade så har barnen sagt åt varandra eller när det väsnats för mycket. De har då ofta sagt till direkt och till rätt person när det har varit för hög ljudnivå.

Avdelning: Säg till personen i fråga om något stör er. Varför gå till någon annan för att lösa problem som rör dig och mig? Om vi ska leva i ett öppet och ärligt samhälle så tala klarspråk! Såklart så ser det inte ut så här överallt men det som jag råkade ut för hade kunnat lösas på bättre sätt!

Laget före jaget eller jaget före laget?

Jag vet att vissa säljarföretag arbetar med särskilda säljarbonusar. Den som säljer bäst får bonus osv. Min personliga reflektion blir då att ens kollegor blir automatiskt konkurrenter? De säljer dock för samma företag men DU vill ju sälja MEST för att bli BÄST och få MEST.

JAGET FÖRE LAGET.

En situation som jag minns mycket väl, å ena sidan blev jag rörd över barnens utförande, men å den andra sidan så blev jag lite rädd för mig själv.
Det var en matematiklektion och vi skulle ha en liten matematiktävling. Det var 4 bord med elever mot varandra. De skulle lösa 20 tal så snabbt som möjligt. Det bord som fått mest rätt på snabbast tid vann. När jag väl sagt "klara, färdiga och gå" så hände det som jag blev imponerad över. Istället för att de gjorde allt så snabbt som möjligt där alla sa det rätta svaret och en skrev, så kom kommentarerna vid borden till varandra" Nu är det din tur att skriva", "Alla måste få prata och få skriva."

Jag tänkte: Skriv fort och få en bra tid men ändå rätt svar.

Barnen tänkte: Det viktigaste var att alla fick vara delaktiga.

LAGET FÖRE JAGET.

Avdelning: I många fall sker barnens inlärning med varandra. En elevs kunskap med en annan elevs/vuxens kunskap kan generera ny kunskap för båda. Barn lär av varandra. Laget före jaget eller Jaget före laget, vad väljer du?

Många barn som jag mött har jag upplevt strunta i de jantelagar som vi vuxna ibland lever efter. Barnen säger ofta vad de tycker och tänker, oavsett vad alla andra tycker om personen i fråga eller dess åsikter. Rakt och ärligt, hela vägen! Barn vågar fråga!

Svenssonsyndromet = Aldrig nöjd, alltid klaga.

Många, som liksom jag klagar över vädrets olika skepnader. Inte alltid och inte vid varje årstid för att förtydliga. Vintern t.ex. då är det för kallt eller för snöigt. På hösten är det för mörkt och regnigt.
Såklart är det mysigare att vara inne med tända ljus osv men det stretar emot lite extra att gå upp tidigt för att skrapa rutor och det är halt på vägen. Eller löpturen eller hundpromenaden när det är regn och becksvart.
Julen är tänkt som en avslappnad högtid med nära och kära. För hur många blir det så? STRESS + Juletid = ofta sant. På sommaren har jag hört kommentarer som "Usch, nu är det för varmt" eller "Tänk på vintern då det inte finns några ormar eller myggor." Om jag säger våren tänker många "Pollenhelvetet!" Vi blir liksom aldrig nöjda.

Många barn ser de olika vädren med andra glasögon. Ny årstid = Nya möjligheter.

Vår: *Nu börjar det bli varmt, lättare kläder och mer saker går att göra utomhus. Fotbollen t.ex. börjar på allvar för dem som gillar det.*

Sommar: *Sol och bad. Springa barfota i gräset och äta glass. Sommarlov etc.*

Höst: *Regnpölar och leka i höstlöven, fantastiskt!*
Vinter: *Snöbollar, snögubbar samt åka pulka/skidor/skridskor. Jul och nyår etc.*

Avdelning: Barn ser ofta möjligheter i allt som sker. Det finns något fantastiskt i varje årstid och väder. Det förekommer att vuxna klagar över vädret och att det är för kallt eller för varmt osv. Min erfarenhet säger att barn klagar i mindre utsträckning i väderfrågan. Såklart finns det för- och nackdelar vid varje väder men att folk har lätt att lägga fram klagomål. Om barnen skulle styra världen skulle då klagomålen minska och saker skulle ses genom mer optimistiska ögon?

Om barnen skulle vara politiker för en dag!

Vid olika tillfällen har vi i klassrummet pratat om vad politiker gör. Självklart pratade vi om vad de, barnen, skulle göra för samhället om de fick sitta och bestämma vart alla skattepengar skulle ta vägen.
Vi diskuterade hur det ser ut nu, vad som behövs för att samhället ska fungera och konkretiserade allt genom att använda klossar istället för pengar. I stället för miljoner hit och miljoner dit så la de mest klossar där de ville prioritera.

Det som blev tydligt var integration och bostad. Det var självklart att vi skulle hjälpa dem som flyr samt att det är viktigt att alla har någonstans att bo. Det som inte var lika viktigt var vilka försvarsministrarnas roller var.

Resonemangen kunde se ut såhär:

-Det är viktigt att vi som har pengar, mat och tak över huvudet ska hjälpa dem som inte har något av det.
-Om vi hjälper folk på flykt först kanske de hjälper oss sen.
-Människa som människa, vi hjälps åt.

-De kan strunta i att bygga dyra hus, bygg enkla och billiga så att alla har råd att bo någonstans. -Alla har rätt till ett hem.

-Om alla slutar kriga så behövs det inget försvar. -Förstör alla vapen och lägg hans, försvarsministerns, lön till behövande istället.

Ställer frågan som jag många gånger ställt: *Hur skulle det se ut om det var barnen som styrde världen?*

Sista ordet

När jag började spara citaten så hade jag inte någon tanke att skriva en bok. Det var mest för att spara och ta fram när jag kände mig nere. Ju mer citat jag fick och ju mer tiden gick kom tanken att om det hjälper mig att bli glad, varför inte sprida det? När jag väl kom igång så satte hjärnan igång. Jag kom att tänka på hur det ser ut i den vuxna världen kontra "barnvärlden" och började reflektera över att det ibland är skillnad.

Vad har jag då lärt mig av denna resa?

I mitt yrke har jag lärt mig att vara mer lyhörd för vad eleverna tycker och tänker. Ta mer vara på deras åsikter och önskningar och komma fram till något tillsammans. De tänker ofta mer utanför boxen än vad jag gör, så varför inte ta några extra reflektionsminuter och låta dem styra mer. Nu låter det som att jag inte tagit vara på elevernas tankar innan. Såklart har jag det men jag har blivit mer medveten.

I både mitt yrke och i det privata har jag mer sagt exakt vad jag tycker och tänker. Tycker jag inte om maten har jag sagt det rakt ut utan att linda in det. Jag har även lärt mig att allt inte behöver vara så komplicerat, ta den enkla och vägen ibland. Gör bara det som är viktigast, det andra kan du göra någon annan gång. *Hellre det viktigaste och det andra ligger efter än att göra allt och gå in i väggen,* som en kollega sa till mig.

Att barn är nyfikna framgår ganska tydligt här och en sak som jag reflekterat över när jag skrev denna bok är att barn ganska ofta frågar mig om andra vuxna är okej eller inte. "Får man göra så?" etc. De vet ofta vad som är rätt och vad som är fel, men saker som de är osäkra på är de inte blyga med att ta reda på.

Min slutsats av det är att barn är så otroligt nyfikna och ofta vill veta mer om moraliska frågor. Tänk om alla individer vore så istället för att hela tiden anta saker utan att veta.